W0326191

Die Fahrt zum Christkind

Ein Weihnachts-Märchenbuch

von

Julius Lohmeyer.

Mit Bildern von P. P. Mohn

und Melodien von Th. Krause.

Titel, Zierleisten u. Vorsatzpapier gezeichnet von H. Lichtner.

Carl Flemming Verlag A.-G. Berlin und Glogau.

Es naht das heil'ge Weihnachtskind,
Umrauscht von Engelsscharen,
Das kommt mit seinem Lichtgesind
Durch Wald und Kluft gefahren.
Das segnet mit erhob'ner Hand
Das Wild im Waldesgrunde,
Die Dörflein und das weite Land
In stiller Winterrunde.

v. P. Mohn.

Weit über Tal und Bergeswand
Streckt sich der Wald im
Frankenland,
Dort liegt in Kluft und Wald versteckt,
Von Wand'rern selten nur entdeckt,
Ein Hüttlein klein und altersschwach,
Der Gundelmühle nied'res Dach.

Der Müller schafft tagein, tagaus,
Doch wehrt er kaum die Not vom Haus;
Nur Fried' und Liesel, frisch und rot,
Die wußten nichts von Gram und Not,
Verbrachten froh den Sommertag
In Lust und Spiel im Himbeerschlag,
Im Haselbusch am Eichenhag,
Auf dem der Herbstschein goldig lag,
Und freudig scholl ihr Jauchzen weit
Hinaus in all die Einsamkeit.
Das klang so waldesfrisch und frei
Wie Tauberruf und Häherschrei,
Daß es des Waldes Ruh' nicht störte,
Und selbst das Wild, wenn es sie hörte,
Nur leicht das Haupt erhob im Tann
Und friedvoll weiter äs'te dann.
Häslein und Falter und Libellen,
Das waren ihre Spielgesellen:
Ihr bester Freund von allen blieb
Jedoch ihr Hans, ihr Es'lein lieb.

Das trug sie morgens durch den Wald,
Wenn hell des Klausners Glocke schallt,
Und gute Lehr' und frommen Reim
Bracht' mittags unser Paar dann heim.

Der Quell, der von dem Felsen rann,
Das stille Wild im hohen Tann,
Der Kuckucksruf, der tief im Wald,
Der Axtschlag, der das Tal durchhallt,
Der Morgenschein, das Abendrot,
Das um der Berge Gipfel loht,
Des Jahres reiche Gaben all:
Des Frühlings Blüh'n und Freudenschall,
Des Sommers Luft und Beerenpracht,
Die purpurn aus der Laubnacht lacht,
Der Sense Klang, der Sichel Schlag,
Die Heumahd und der Erntetag,
Der goldnen Sommerwolken Flug,
Der Drescher Takt, der Vögel Zug,
Der Herbst mit Frucht und Blätterfall,
Mit Jagdhornruf und Büchsenhall,
Mit Regen, Sturm und Wettergraus,
Dem frühen Licht im Müllerhaus,
Dem kurzen Tag, der frühen Nacht,
Der Gründe goldner Wipfelpracht,
Der Fröschlein Sang im Moor und Ried,
Des Stärleins letztem Abschiedslied,
Des Winters Pracht und Flockenfall,
Mit Schlittenlust und Peitschenknall,
Die Frostnacht sternenglanzerhellt —
Das war der Kinder ganze Welt!

Doch wußten sie im Waldestraum
Von all der Welt da draußen kaum:
Von Dörfern, Städten, Burg und Dom,
Von Rebenhügeln, Fluß und Strom,
Von all der fernen Herrlichkeit,
Die sie aus Landen, still und weit,
Von Felsenhöh'n, auf steiler Bahn,
Aus blauen Tiefen dämmern sah'n.

Einsiedel nur im Wildkirchlein,
Das einsam hängt am Wetterstein,
Der war ihr Freund, ihr Rat und Hort
In frommem Beispiel, Lied und Wort;

Des alten Klausners frommer Mund
Gab ihnen alle Weisheit kund.
Er lehrte sie aus heil'gem Buch,
Das aller Wahrheit Fülle trug,
Wie Gott, des Vaters, Schöpferruf
Die Sonne und die Erde schuf,
Die Erdenwelt mit Mensch und Tier,
Der Wälder Pracht, der Blumen Zier.
Er sprach von Gottes Vaterhuld,
Die uns erlöst von aller Schuld,
Die uns gesendet seinen Sohn,
Der, ach! am Kreuz fand bitt'ren Lohn,
In Schmerz und Qual am Holze starb,
Daß er für uns das Heil erwarb;
Sprach von dem holden Jesuskind,
Des Spielgesellen Engel sind,
Und das noch heute Jahr um Jahr,
Am Tag', da es geboren war,
Herniederschwebt zur Weihnachtszeit,
Den heil'gen Niklas im Geleit.
Und wie es zieht nachtein, nachtaus
Durch Dorf und Stadt, von Haus zu Haus,
In jede Hütte, noch so klein,
Mit Licht und Gaben tritt hinein,
Ein Bäumlein mitbringt aus dem Tann,
Und tausend Lichter zündet dran,
Auf daß an seinem Ehrentag
Ein jedes Herz sich freuen mag:
Ein Strahl aus seiner Himmelswelt
In jede arme Kammer fällt;
Auf daß mit Dank und Jubelschall
Der Erde fromme Kinder all'
Die Pracht erblicken wonnereich,
Als schauten sie ins Himmelreich.

Klausner Martin.

Nun kam die liebe Weihnachtszeit,
Schnee deckte Berg' und Täler weit,
Im Grunde auch die Mühle stand;
Christkindlein war wohl längst im Land.
Ach, niemals war es noch bei ihnen
Mit seiner Gaben Huld erschienen!
Wenn es durch Wald und Berggeländ'
Doch dieses Jahr zur Mühle fänd'
Und in das Hüttlein, tiefverschneit,
Einträt' mit seiner Herrlichkeit!

Doch Fried' zum Liesel zagend spricht:
„Wirst seh'n, das Christkind kommt halt nicht;
Durchs Waldgebirg find't sich's zu schwer,
Und keiner weist es zu uns her;
Auch Klausner Martin weiß nicht Rat;
Ich denk', wir geh'n und suchen's grad'.“ —

Der Weihnachtsmorgen war gekommen
Und hoch schon über'm Wald erglommen;
Vom Kirchlein läutete Weihnachten,
Als sie dem Hänsle Futter brachten.

Am Weihnachtsmorgen.

Horch! Die Weihnachtsglocken klingen
Weithin über Wald und Feld,
Auf der Töne heil'gen Schwingen
Schweben Engel durch die Welt.

Am Weihnachtsmorgen.

„Christkind bringt mit leisem Schritte
Licht und Gaben jedem Haus —
Ach! nur unsre arme Hütte
Fand es nicht in Kluft und Graus!“

Von den Höh'n im Morgenwinde
Horch! ein lieblich Klingen schallt!
Schon mit seinem Lichtgesinde
Zieht das Christkind durch den Wald.
„Tierlein, könnt ihr's uns nicht künden?
Kennt im Wald ja jeden Steg:
Kann's zu **uns** den **Weg** nicht finden,
Zeigt zum **Christkind** uns den Weg!“

„Ei!“ sagte **Fried'**: „Was meinst'? Wir drei —
Du, Hänsle, bist doch auch dabei? —
Wir suchen's Christkind! Wenn ich bitt',
Und auch das **Liesle**, kommt's schon mit.
Und, Hänsle — gelt, du trägst uns **beide**?“ —
„**Y-a!**“ schreit Hans, und scharrt vor Freude!

Auszug.

Gesagt, getan. Sie sitzen auf,
Und rasch den Berghang geht's hinauf;
Hier teilt der Pfad sich rechts und links:
Zur Höhe und zu Tale ging's.
Was nun? Zum Glück sah aus dem Haus
Eichhorn grad' nach dem Wetter aus.
„Kurr!“ rief's, „woher des Wegs so früh!“ — —
Vergnügt zum Eichhorn schauten sie.

„Rotmännlein, sag' uns, wenn du's weißt,
Wo man des Wegs zum Christkind reist!“

Eichhörnlein schnurrt: „Es tut mir leid,
Doch, Kinder, hab' heut' keine Zeit,
Arg ist zu schaffen noch vor'm Fest —
Drei Kinder hab' ja selbst im Nest —
Macht mir den Kopf nicht **auch** noch heiß —
Da sitzt ja **der**, der alles weiß!
Kreuzschnabel — fragt den Weisen,
Wo Ihr des Wegs sollt reisen.“

„Kreuzschnabel, sag' uns, wenn du's weißt,
Wo man des Wegs zum Christkind reist!“

„Kinder, was soll's?“
Krächzt **Kreuzschnabel** stolz,
„Habe im Eichdom, dem alten,
Morgen Festpredigt zu halten,
Viel zu bedenken, viel zu betrachten
Noch vor Weihnachten,
Hab' zum Geleit rum
Heut' keine Zeit drum!“

Hört es **Rotkehlchen**,
Das fromme Seelchen;
Von Neugier geplagt
Wippt's näher und sagt,
Zum **Eichhorn** gewandt,
Das gut ihm bekannt:

Auszug der Kinder.

„Wie hart ihr seid,
Noch dazu in solch' heil'ger Zeit!
Wißt ihr noch vom vor'gen Jahr,
Als so schwer der Winter war,
Weg und Steg im Wald verschneit,
Nicht ein Körnlein weit und breit?
Wer hat da die Flöcklein
Beiseite gefegt
Und uns die Bröcklein
Ins Trockne gelegt?
Wer streute in unsrer großen Not
Uns Krumen von seinem Morgenbrot?
Die Kinder waren's vom Müllerhaus.
War't ihr nicht selber beide beim Schmaus?
Und wollt den Kindern jetzt nicht helfen?
Sind wir denn Nixen, sind wir Elfen?
Undankbares Gezwerge schier?
Und nicht ehrsames Waldgetier?"

Eichhorn vom Baume herunterkommt:
„Eine Liebe der anderen frommt!"
Kreuzschnabel spricht:
„'s ist Nächstenpflicht!
Laßt uns die Kinder zum Bergsteig weisen,
Dort muß das Christkind vorüberreisen."
Eichhörnchen raschelt durchs Gesträuch
Voran den Steig,
Rotkehlchen hinterher vergnügt;
Oft doch hält es, wenn sich's fügt,
Daß der schmale Pfad sich teilt
Oder zu rasch das Eichhorn eilt,
Schaut sich besorgt
Um und horcht,
Wo der Hans mit den Kindern sei. —
Lustig traben heran die Drei!
Kreuzschnabel flattert hinterher:
„Wartet, Kinder, ich kann nicht mehr!"

Verirrt.

Abend wird's, die Sonne sinkt.
Schon ein Stern am Himmel blinkt,

Die Engel finden die Kinder.

Dichter wird des Wald's Gewirr:
„Kinder, ich glaube, wir laufen irr'!“
Eichhorn weiß nicht Hilf' und Rat,
Ach, sie finden nimmer den Pfad,
Nicht die Kinder, nicht das Getier;
Müssen — übernachten hier;
Machen aus Laub und Moos ein Nest —
O, das gibt ein traurig Fest.
Fried' sucht Zweiglein, sammelt Äste,
Bettet Schwesterlein aufs beste,
Haucht ihm beide Händlein warm,
Nimmt es sanft in seinen Arm,
Betet mit ihm frommen Reim,
Denkt der Eltern auch daheim,
Und mit Plaudern und Geflüster,
Sanft entschlafen die Geschwister.
Eichhorn klagt: „Große Not,
Morgen sind die Kinder tot.“
Kehlchen klagt: „Frosterstarrt —
Ach, die Nacht ist gar zu hart.“ —

Stille wird's. Dort und hier
Raschelt's noch: Waldgetier
Kommt, die Schläfer zu belauschen — — —
Ha, welch' Glänzen, hehres Rauschen
In der Nähe, in den Weiten!
Heil'ge Weihnachtsengel schreiten
Durch den Wald mit Segenspenden —
„Daß sie doch die Kinder fänden!“

Der Kinder Träume.

Durch den winterlichen Wald
Geht ein Flüstern und ein Rauschen,
Fromme Tierlein mannigfalt
Nah'n, die Schläfer zu belauschen.

Feierlich, vernehmbar kaum,
Rauschen Schwingen, tönen Lieder,
Zu der Kinder Weihnachtstraum
Neigen Engel sich hernieder.

Über ihre Züge lind
Geht ein Lächeln still und sonnig:
„Nimm uns mit Dir, heilig' Kind!"
Flüstern sie im Schlafe wonnig.

Die Engel fanden die Kinder im Wald,
Die schlugen die Äuglein auf gar bald,
Als Himmelsglanz sie erweckte:
Ein Engel führte mit sanfter Hand
Das Paar, bis wo am Waldesrand
Der Weg zu Tale sich streckte.
„Ihr lieben Kinder, habt nun acht,
Das Christkind kommt um Mitternacht
Herab auf diesen Steigen;
Erharrt es hier mit Schweigen!"

Christkinds Nahen.

Über des Bergkamms starrenden Tann
Wandelt ein Licht in der Ferne:
Näher und näher wallt es heran,
Gleich einem blinkenden Sterne.
Über die Gründe, verweht und verschneit,
Schwebt es auf silbernen Schwingen,
Über die schweigende Waldeinsamkeit
Zieht es mit Leuchten und Klingen.

Christkindlein zieht durch den Wald in der Nacht,
Himmlische Schar im Geleite,
Über ihm funkelt des Eiswaldes Pracht
Leuchtend hinaus in die Weite.
Wo in die Gründe nur leuchtet der Strahl,
Läuten zur Weihnacht die Glocken,
Lauschen die Rehlein empor aus dem Tal,
Flüchten die Häslein erschrocken.

Eisgraue Männlein aus Baumhohl und Spalt,
Uralt verwittert Gezwerge,
Schau'n, wie geblendet, den Zug durch den Wald
Nieder sich winden vom Berge.
Christkindlein segnet die Waldkreatur,
Zwerglein und Rehlein am Wege;
Wo es dahinzog, die leuchtende Spur
Funkelt noch lang' durchs Gehege.

Weit in die Täler ergießt sich der Schein,
Flutet der himmlische Schimmer;
Drunten im Dorfe der Fensterlein Reih'n
Glüh'n schon im Weihnachtsgeflimmer.
Weit durch die Lande, ein wogend Getön,
Schwingende Glocken erklingen:
„Ehre sei Gott!“ — Zu des Sternendoms Höh'n
Braust es auf mächtigen Schwingen.

Der Eltern Sorge.

„Wo nur so lang' das
Liesel bleibt?"
„Wo nur der Fried'
umher sich treibt?"
Die Mutter späht ums
Hüttlein her —
„Der Hans ist fort, der
Stall ist leer!"
Des Müllers heller Ruf
erschallt
Vergeblich durch den
hohen Wald.
„So wird das Paar beim
Klausner sein!
Die Spur führt nach
dem Wetterstein."
Der Abend kommt, es dämmert schon;
Die Mutter lauscht auf jeden Ton.
Schon sinkt die Nacht — o Angst und Graus!
Und immer bleibt das Paar noch aus!
Da macht der Müller rasch sich auf
Und steigt zum Wetterstein hinauf.
Aus Klausners Hütte strahlt noch Licht —
Allein die Kinder fand er nicht.
„Ob sie verweht in Schnee und Wind?"
Er steigt voll Angst zu Tal geschwind;
Er späht in jeden Felsenspalt,
In jede Kluft lauscht er im Wald.
Er kehrt nach Haus, die Mutter weint;
Sie suchen durch den Wald vereint;
Sie suchen bei Laternenschein
Durch Nacht und Wind talaus, talein.
Doch, wo am Gundelfall der Weg
Hinüber führt auf schwankem Steg,
Da stehen sie entsetzt und schau'n
Zum Felsenschlund hinab voll Grau'n —
„Wenn hier der Hans gestrauchelt wär' —
Wir säh'n die Kinder nimmermehr!"
Ihr Rufen überbraust die Flut —
„O Gott, nimm sie in treue Hut!"

Einsiedels Morgenfeier.

Einsiedel tritt aus seiner
Tür
In blauer Sternennacht
herfür.
Still ruht der Berghöh'n
dunkler Kranz —
Der See nur blitzt im
Sternenglanz;
Und über Wäldern, tief-
verschneit,
In heil'ger Berges-
einsamkeit,
Hell leuchten auf in
Silberpracht
Der Firnen Häupter
durch die Nacht.
Einsiedel fromme An-
dacht hält —
Er betet zu dem Herrn
der Welt.

Da hebt ein lieblich
Klingen an,
Ein Singen und ein
Schwingen an,
Da schwebt herab im
Zuge,
In wallend leisem Fluge
Der Engel Schar aus lichtem
Blau —
In seiner Mitte — sel'ge Schau!
Das heil'ge Kind im Strahlen-
kranz,
Das Angesicht voll Liebesglanz,
Von Himmelslicht umwoben,
Das Händlein sanft erhoben;
Das nickt so hold dem Klausner zu,
Als es vorüberrauscht im Nu,
Daß ihm das Herz von Schauern
bangt;
Er aber sinkt ins Knie und dankt,
Daß ihm auf seiner Pilgerfahrt
Noch solchen Heiles Gnade ward. —

Der Engel Zug vorüberrauscht;
Der Klausner kniet und lauscht und
lauscht,
Wie sie im Tal beim Sternenschein
Die heil'ge Weihnacht singen ein.

„Stille Nacht, heilige Nacht."

Stille Nacht, heilige Nacht!
Alles schläft, einsam wacht
Nur das traute, hochheilige Paar,
Das im Stalle zu Bethlehem war
Bei dem himmlischen Kind, —
Bei dem himmlischen Kind!

Des Christkindes Nahen.

Es naht das heil'ge Weihnachtskind,
Umrauscht von Engelscharen,
Das kommt mit seinem Lichtgesind
Durch Wald und Kluft gefahren.
Das segnet mit erhobner Hand
Das Wild im Waldesgrunde,
Die Dörflein und das weite Land
In stiller Winterrunde.

Das schaut mit Lächeln sanft und lind
Das Kinderpaar am Pfade.
„O segn' uns auch, du heil'ges Kind,
In Deiner Huld und Gnade!"
Da winkt es seinem treuen Knecht
Mit lieblichen Gebärden:
„Was nur ihr Herz begehren möcht',
Das möge ihnen werden!"

Christkindleins Erscheinen.

Noch weilt das Kinderpaar und harrt
Am Waldessteig, von Frost erstarrt,
Da hebt von fern ein Klingen an;
Ein Singen und ein Schwingen an;
Da schimmert's über der Bergeswand,
Christkindlein naht im Strahlengewand
Und segnet die Kleinen voll Gnade,
Die knien mit dem Engel am Pfade.

Der Engel spricht: „O heil'ges Kind,
Sei diesen Kindern wohlgesinnt!
Sieh gnädig auf das Waldgetier:
Es bittet für die Kleinen hier.
Nie hat ein Bäumlein sie bis heut'
Nie Deiner Gaben Huld erfreut!"

Das Christkind sprach: „Mein frommer Knecht,
Nimm Dich der Kinder an zu Recht,
Nimm, Niklas, sie in Deine Hut
Und mach' heut' alles wieder gut."

„Ei," sprach Sankt Niklas, „heilig Kind,
Da sie nun doch so wacker sind,
Und auch als treu und fromm erprobt,
Wie Bruder Martin sie belobt,
Barmherzig zu der Kreatur —
Und keins noch Deine Gunst erfuhr,
Erlaub', daß sie zu dieser Frist,
Weil heut' doch Dein Geburtstag ist,
Sich selber aus dem Weihnachtshaus
Die schönsten Gaben suchen aus;
Nicht fern von hier, im Christberg gleich
Führt eine Tür ins Weihnachtsreich."

Das Christkind sprach: „Auf Deine Bitt',
Du frommer Heil'ger, nimm sie mit!
Laß sie, ich will sie Dir vertraun,
Der Weihnacht höchste Wonnen schaun."

Ehre sei Gott in der Höhe und Friede auf Erden!

Christkind im Walde.

Sie wandern zum Weihnachtsreich.

Das heil'ge Kind zu Tale fuhr
In seiner Engel Mitten,
Noch lange leuchtete die Spur,
Wo sie dahingeschritten.
„Wohlan denn," sprach Sankt Nikolaus,

„Reicht, Kindlein, mir die Hände,
So steigen wir zum Weihnachtshaus
Hinauf das Berggelände."
Kreuzschnabel krächzt: „Herr, nimm uns mit!
Ich kenn' im Berg das Pförtlein —"

Doch Niklas trabt dahin im Schritt —
Als hör' er nicht ein Wörtlein.
Eichhörnlein ruft: „Ach Vater, laß
Uns drei doch mit Euch kommen!"

Doch Vater Niklas eilt fürbaß,
Als hätt' er nichts vernommen.
Doch Kehlchen bat: „Die Nacht ist kalt
Und scharf das Flockentreiben;
Wir finden nicht mehr heim im Wald —
O laßt uns bei Euch bleiben!"

Da lachte Niklas in den Bart:
„Sei's drum! Weil ihr den Kindlein
Bis hierher treu Geleite war't.
So kommt denn mit, Gesindlein!"

So stiegen sie beim Sternenschein
Hinauf die Felsensteigen,
Durch Waldgeklüft und Moosgestein,
Durch Finsternis und Schweigen,

Bis daß ein Fensterlein erblinkt
In schmaler Felsenpforte,
Da bleibt Sankt Niklas stehn und winkt:
„Wohlan, wir sind am Orte!"

Sankt Niklas schließt — die Pforte klingt —
Da bricht ein Lichtgefunkel,
Ein überirdisch' Glänzen dringt
Hervor in Nacht und Dunkel.

Vor der Pforte.

Niklas:

„Haltet, Kinder! Nimmer treten
Darf durch dieses Gnadentor
Wer nicht bitten kann und beten, —
Euer Sprüchlein sagt zuvor!“

—

Friedel und Liesel:

„Christkind, das von Licht
umwoben
Stieg herab im Sternenschein,
Das vom lieben Vater droben
Kam, die Kinder zu erfreu'n,

Nimm auch uns in Deinen
Schimmer,
In das Weihnachtsreich
hinein,
Wollen fromme Kinder
immer,
Wollen brav und folgsam
sein!“

—

Niklas:

„Wohl, es sei! Es soll Euch
werden,
Tretet in Sankt Niklas' Reich!
Was kein Kind noch sah auf
Erden, —
Alle Wonnen zeigt er Euch!“

V.P. Mohn.

Vor der Pforte.

Beim heil'gen Kinde.

Und als sie durch die Tür geschwind
Ins Weihnachtsreich getreten,
Sankt Niklas spricht: „Zum heil'gen Kind
Laßt uns erst geh'n und beten!"

Das lag, von holden Engelein
Bewacht, in offner Halle,
So schön als wie im Himmelsschein
Zu Bethlehem im Stalle.

Maria rechts und Joseph links,
Die knieten ihm zur Seite,
Und um sie holde Engel rings,
Ihr liebliches Geleite.

Vom Himmel sah der Weihnachtsstern
So feierlich hernieder,
Und aus der Höhe leis und fern
Erschallten Engellieder.

Die Kinder knieten still zur Frist
In Andacht auf der Erden
Und beteten: „O heil'ger Christ,
Laß gut und fromm uns werden!"

Wie war dabei das Herz den Zwei'n
So selig und beklommen,
Bis ihnen rief ein Engelein,
Ins Weihnachtsreich zu kommen.

Im Weihnachtsreich.

Sankt Niklas sprach: „Folgt mir sogleich
Zum Kindergabenhimmel!"
Weit tat sich auf das Weihnachtsreich
Voll festlichem Gewimmel.

Sie traten in die Halle ein, —
Wie klopften ihre Herzen! —
Da glänzten langer Säle Reih'n
Im Strahl der Weihnachtskerzen.

Ein Lederhans, ein Harlequin,
Zwei stattliche Barone,
Die führten sie durch das Gedräng'
Zu einem Ehrenthrone.

Die Kinder schauten ganz verwirrt
Umher mit offnem Munde,
Umtanzt, bewundert und umschwirrt
Von lust'ger Puppenrunde.

„Tratra!" Die Kinder horchten auf —
Da zog durchs Saaltor grade
Mit klingend hellem Spiele auf
Die Puppen-Wachtparade.

Die Bescherung im Weihnachtsreiche.

Marsch der Weihnachtspuppen.

Die Nüsseknacker-Kompanie
Marschiert vorüber stolz;
Ihr folgt das Korps der Musici
Von Gummi, Zinn und Holz,
Mit Trommel und Harmonika,
Trompete und Fagott:
Bum, bum, kling, kling, trara, trara!
Bringt es das Ständchen flott.

Mit luft'gen Sprüngen naht das Korps
Der Hampelmänner fix,
Der große Puppendamenflor
Mit tiefstem Galaknicks,
Die Ehrenwache im Galopp,
Dragoner und Husar:
Bum, bum, trara, kling, kling, hopp, hopp!
Bringt ihre Huld'gung dar.

Die Arche Noah kommt zum Schluß:
Lamm, Löwe, Maus und Hahn,
Aus Schokolade, Zuckerguß,
Tragant und Marzipan. —
Chinese, Türke, Mohr und Schah,
Stimmt an das Ehrenlied:
Bum, bum, kling, kling, trara, trara!
Hoch lebe Lieb' und Fried'!

Im Engelsaal.

Links aus dem Schaukelpferdestall
Erscholl ein wild' Gestampfe,
Und dort Kanonen-, Trommelschall
Vom Bleisoldatenkampfe.

Was nur ihr Kinderherz begehrt,
Gleich kam es angesprungen:
Das Puppenkind, das Räderpferd,
Die Badepuppenjungen.

Und was der Kleinen wohlgefiel,
Das wünschte auch der Große:
Wupp! lagen Schäfchen, Federspiel
Und Ball in ihrem Schoße.

Nun wurden nach den Bäckerei'n
Zum Schmausen sie geladen,
Da kneten tausend Engelein
Konfekts und Honigfladen.

Ha, wie das siedet, backt und kocht
Im fröhlichsten Gewühle!
Und in der Ferne stampft und pocht
Die Schokoladenmühle.

Dem Eichhorn auch ward aufgetischt,
Den Vöglein auch zum Picken:
Tannzapfensamen, untermischt
Mit Pfefferkuchenstücken.

Und jetzt erschien vor ihrem Thron
Ein Herold mit dem Stabe,
Und eine Deputation
Mit einer Ehrengabe.

Der Nüsseknacker-General
Mit Schokoladennüssen:
Knick! knack! da lagen sonder Zahl
Die schönsten aufgebissen.

Der Niklas sah in guter Ruh'
Auf die Beschenkten nieder
Und lachte: „Kinder, greift nur zu,
So gut kommt's Euch nicht wieder!"

Der Engelchen Bescherung.

Mit glühendroten Wängelein
Und wie in sel'gem Traume,
So folgten sie zwei Engelein
Zum großen Weihnachtsbaume.

Der schien in einem Strahlenmeer
Von Glanz und Pracht zu schwimmen.
„Vom Himmel hoch, da komm' ich her!"
Klang's hold von Engelsstimmen.

Und wunderhold zum erstenmal
Ein Silberglöckchen hallte,
Da füllten Engel dicht den Saal,
Und heller Jubel schallte.

Und als zum drittenmal darauf
Die Glocke rief mit Schalle,
Helltönend sprang die Pforte auf
Von einer Strahlenhalle:

Da war den Englein aufgebaut
An langen Gabentischen;
Wie klang der Kleinen Wonne laut
Und Jubelsang dazwischen!

Im Engelsaal.

Da lagen Kränze und Schalmei'n
Und leuchtende Gewänder,
Da dufteten im Frühlingsschein
Die Blüten aller Länder.

Auch Fried' und Liesel sah'n entzückt
Nach all den Prachtgeschenken;
Doch was ein Engelherz beglückt,
Das ist nicht auszudenken.

Ja, wären nur die Eltern hier,
Sie blieben gern im Himmel,
Doch wurde ihnen bänglich schier
In all dem Glanzgewimmel.

Das sah der gute Niklas kaum,
So winkt' er schon mit Nicken,
Doch durften sie vom Weihnachtsbaum
Noch gold'ne Äpfel pflücken.

Nach Hause!

Kinder: „Ach, guter Vater Nikolaus!
Nimm Dank für alle Freuden,
Doch bring' uns jetzt zurück nach Haus,
Zu unsern Eltern beiden."

Niklas: „Ach, Kinderlein! Hab' heut' nicht Zeit,
Muß noch beschenken viele."

Kinder: „O Vater, es ist gar so weit,
Wir finden nicht zur Mühle."

Niklas: „Nun sei's! Es ist mal meine Art,
Lass' Kinder nicht gern bitten; —
So macht Euch fertig denn zur Fahrt,
Ich bring' Euch heim im Schlitten."

Kinder: „Doch schaff' uns lieber Niklas wert!
Nun heim auch unsre Gaben:
Die Puppe, Arche und das Pferd
Und was wir sonst noch haben."

Niklas: „Nun, weil Ihr so bescheiden war't,
Schaff' ich schon Platz im Schlitten.
Nur eingestiegen! rasch zur Fahrt!
Hört endlich auf mit Bitten!"

Kinder: „Ei, Niklas, lass' die Tierlein sacht
Mit auf dem Schlitten hocken."

Niklas: „Nun meinethalb, jetzt aber macht
Euch eilig auf die Socken."

Kinder: „Das Es'lein aber kommt im Lauf
Nicht mit uns fort, das gute."

Niklas (ärgerlich): „Wie? soll auch gar der Esel drauf?
Jetzt, Kinder! gibt's die Rute.

Jetzt schweigt, jetzt fort in Saus und Braus
Und flugs zur Mühle nieder!" — —
Die Eltern jubeln aus dem Haus:

„Gottlob, da sind sie wieder!"

Die Heimkehr.

Was leuchtet und läutet am Waldessaum?
Bim! bam!
Wer kommt mit dem flammenden Weihnachtsbaum
Flimm! flamm! —
Herab durch den Hohlweg geglitten?
Ein gabenbeladener Schlitten!

Dem trottet voran Sankt Nikolaus —
Kling! kling!
Die Müllersleut' schau'n aus den Fenstern heraus —
Flink! flink! —
Es jauchzen wohl über die Wiese
Von fern schon der Fried' und die Liese.

Und hinter dem Schlitten, dem lustigen, drein —
Hurra! hurra!
Springt munter das Es'lein mit fröhlichem Schrei'n:
Y-a! y-a! —
Willkommen, Ihr Kinder, willkommen!
Und Dank Dir, dem Heil'gen, dem Frommen!

Nach Hause.

Heimkehr zur Mühle.

Wieder daheim.

„Was glänzte herüber vom Waldessaum?
Was hatte das zu bedeuten?
Im Schlitten kam der Weihnachtsbaum
Heran mit Schellenläuten!

„Sie sind's, sie sind's! O Dank und Glück!
Die Kinder sind's im Schlitten,
Sankt Niklas bringt sie selbst zurück! —
Da kommt er angeschritten!

„O Glück und Dank, nach all dem Harm,
Daß endlich sie gefunden!
O heil'ger Herr, ein Süpplein warm,
Es soll Euch trefflich munden!"

Sankt Niklas nickt, Sankt Niklas lacht —
Da trabt er schon von dannen,
Noch lange hört man in der Nacht
Sein Stapfen durch die Tannen. —

Das gab bis in die Nacht hinein
Ein Plaudern und Erzählen
Vom Christkind und den Engelein
Und all den Wundersälen.

Die Eltern drücken stillerfreut
Ans Herz ihr Kinderpärlein.
„Zu Bett! zu Bett! Genug für heut'
Von all den Zaubermärlein!"

Doch Fried' und Liesel stets begehrt
Aufs neu' nach ihren Gaben,
Die will ihr Püppchen, der sein Pferd
Mit in die Federn haben.

Die Mutter lauscht, bis sel'ger Traum
Sich auf die Wimpern senkte,
Und dankt dem Herrn im Sternenraum,
Der sie aufs neu' ihr schenkte.

Glückliche Träume.

Zur Ruhe.

Der Müller auch spricht Dank und Preis
Und küßt der Kinder Stirne leis'
Und streckt sich sanft zur Ruhe.
Die Mutter aber schafft noch lang',
Holt Sonntagsstaat aus Kist' und Schrank
Und aus der Kinder Truhe;

Denn in der ersten Christtagsfrüh
Zur heil'gen Mette wollen sie
Nach frommer Dörflersitte.
Sie holt die Schühlein noch vom Brett
Und stellt sie vor der Kinder Bett
Mit leisem Mutterschritte.

Sie ruh'n, das holde Angesicht
Umspielt vom gold'nen Mondeslicht,
Im engen Kammerraume;
Die Gaben fest ans Herz gedrückt —
Und lächeln fröhlich und beglückt
Im sel'gen Weihnachtstraume.

Vom Bruder Klausner träumt der Fried',
Den er im Frühlicht vor sich sieht,
Wie er sie grüßt und segnet,
Und der mit froh erstauntem Blick
Vernimmt von all dem Weihnachtsglück,
Das Lies' und Fried' begegnet.

Christtagsmorgen.

Die holde Christnacht ist entfloh'n,
Der heil'ge Christtag dämmert schon;
Waldkirchlein ruft zur Mette.
Die Kinder schlafen noch so tief —
Zum drittenmal der Müller rief:
„Auf, auf! und aus dem Bette!"

„Gottlob! die Christfahrt war kein Traum!
Da stehen Puppe, Pferd und Baum
In fahler Morgenhelle!" —
Wie festlich heut' die Kinder schau'n!
Sie steigen auf im Morgengrau'n
Zur alten Waldkapelle.

Noch ruht das Land so still und bleich,
Die Täler rings so friedereich,
Erquickt vom Weihnachtssegen.
Viel Lichter schimmern durch den Tann —
Es steigen Beter rings hinan
Auf steilen Waldeswegen.

Die Glocke mahnt, sie steigen schnell —
Des Kirchleins Fenster glänzen hell
Durch das Gezweig von droben.
Gesang erschallt aus offnem Tor —
Sie treten ein, im frommen Chor
Zu danken und zu loben.

Doch schaut! Da schwebt im Morgengold
Christkindlein mit den Engeln hold
Zurück, woher sie kamen,
Zum Himmel auf — und Jauchzen hehr
Erschallt: „Gott in der Höh' sei Ehr'!
Und Fried' auf Erden! Amen!"

Christkinds Auffahrt.

Die Fahrt zum Christkind

Lieder

nach Melodien von Th. Krause.

flemming

Das Aufführungsrecht
wird vom Verlage verliehen.

Übersichtsplan

zur Aufführung von

„Die Fahrt zum Christkind“

als Weihnachtsfestspiel mit Lichtbildern,
Deklamation, Kinderchören, Solis und
Melodrama mit Begleitung des Klaviers
und des Harmoniums.

Von A. Bauer.

Szenerie: In der Mitte der Bühne steht der Lichtbilderschirm. Rechts und links von ihm, bis an die rechte und linke Saalwand reichend, gleichmäßig absteigende Tannenbäume, so daß die Bühne und der Raum für die Mitwirkenden von den Zuschauern getrennt und verdeckt ist.

Aufführung.

Vorspiel — Harmonium. Nr. 1 der Musikbeilage.
Gemischter Chor: Weihnachtslied.

1. Lichtbild: (Kinder auf dem Baumstamm sitzend)
Deklamation: Weit über Tal und Bergeswand —
bracht' mittags unser Paar dann heim.

2. Lichtbild: (Kinder, Beeren suchend)
Deklamation: Der Quell, der von dem Felsen rann —
aus blauen Tiefen dämmern sah'n.

3. Lichtbild: (Beim Einsiedler)
Deklamation: Einsiedel nur im Wildkirchlein —
als sie dem Hansel Futter brachten.
Sofort einsetzendes Glockengeläut wie aus weiter Ferne kommend.
Danach folgt
1. Chor: Horch, die Weihnachtsglocken klingen.
Nr. 2 der Musikbeilage.

4. Lichtbild: (Kinder bringen den Esel aus dem Stall)
Deklamation: „Ei!“ sagte Fried': „Was meinst?“ —
„Ya“ schreit Hans, und scharrt vor Freude!

5. Lichtbild: (Kinder auf dem Esel vor dem Eichhorn)
Deklamation: Rotmännlein, sag' uns, wenn Du's weißt —
heut' keine Zeit drum.

6. Lichtbild: (Kinder streuen Krümchen)

Deklamation: Hört es Rotkehlchen —
Wartet, Kinder, ich kann nicht mehr.

7. Lichtbild: (Kinder schlafend im Walde)

Deklamation: Abend wird's, die Sonne sinkt —
„Daß sie doch die Kinder fänden."

2. Chor: Durch den winterlichen Wald.
Nr. 3 der Musikbeilage.

8. Lichtbild: (Ein Engel führt die beiden Kinder)

Deklamation: Die Engel fanden die Kinder im Wald —
Erharrt es hier mit Schweigen.

Melodrama: Über des Bergkamms starrenden Tann.
Nr. 4 der Musikbeilage.

9. Lichtbild: (Eltern mit der Laterne)

Deklamation: „Wo nur so lang' das Liesel bleibt?" —
„O Gott, nimm sie in treue Hut!"

10. Lichtbild: (Einsiedel betend)

Deklamation: Einsiedel tritt aus seiner Tür —
Die heil'ge Weihnacht singen ein.

4. Chor: Stille Nacht, heilige Nacht.
Nr. 5 der Musikbeilage.

5. Chor: Es naht das heil'ge Weihnachtskind.
Nr. 6 der Musikbeilage.

11. Lichtbild: (Engel mit Klingel und Fackel)

Deklamation: Noch weilt das Kinderpaar und harrt —
und segnet die Kleinen voll Gnade —
Die knien mit dem Engel am Pfade.

12. Lichtbild: (Engel mit den knienden Kindern)

Deklamation: Der Engel spricht: „O heilig' Kind!" —
Der Weihnacht höchste Wonne schaun."

13. Lichtbild: (St. Niklas mit der Rute)

Deklamation: Das heil'ge Kind zu Tale fuhr —
„So kommt denn mit, Gesindlein!"

14. Lichtbild: (Niklas vor der Himmelstür)

Deklamation: So stiegen sie beim Sternenschein —
hervor in Nacht und Dunkel.

Baßsolo: Haltet, Kinder! Nimmer treten darf.
Nr. 7 der Musikbeilage.

Terzett: Sopran, Alt und Baß:
Christkind, das vom Licht umwoben. —

Nr. 8 der Musikbeilage.

Weglassen Bild und Dichtung: Beim heil'gen Kinde.

15. Lichtbild: (Vor der Einbescherung)

St. Niklas spricht: „Folgt mir sogleich —
Die Puppenwachtparade.

6. Chor: Marsch der Weihnachtspuppen.
Nr. 9 der Musikbeilage.

Deklamation: Links aus dem Schaukelpferdestall —
So gut kommt's Euch nicht wieder!

16. Lichtbild: (Kinder schauen hinab)

Mit glühendroten Wängelein —
Klang's hold von Engelstimmen. —

Choral: Dreistimmiger Kinder- oder Frauenchor:
Vom Himmel hoch, da komm' ich her.

Ein Klingel- oder Glockenzeichen.

Deklamation: Und wunderhold zum erstenmal —
Und heller Jubel schallte.

Zweites und drittes Glockenzeichen.

17. Lichtbild: (Engel, die Lichter am Baum anzündend)

Deklamation: Und als zum drittenmal darauf —
Noch goldne Äpfel pflücken.

18. Lichtbild: (Niklas mit dem Eichhorn auf dem Rücken)

Deklamation: Ach, guter Vater Nikolaus —
Jetzt, Kinder, gibt's die Rute.

19. Lichtbild: (Die Eltern schauen aus dem Hause)

Deklamation: Jetzt schweigt, jetzt fort in Saus und Braus —
„Gottlob, da sind sie wieder!"

7. Chor: Was leuchtet und läutet am Waldessaum.
Nr. 10 der Musikbeilage.

Deklamation: Was glänzte herüber vom Waldessaum —
Sein Stapfen durch die Tannen.

20. Lichtbild: (Kinder im Bett)

Deklamation: Das gab bis in die Nacht hinein —
Im sel'gen Weihnachtstraume.

21. Lichtbild: (Klausner Martin und die Kinder)

Deklamation: Vom Bruder Klausner träumt der Fried' —
Das Lief' und Fried' begegnet.

22. Lichtbild: (Der Engel Heimfahrt)

Deklamation: Die holde Christnacht ist entflohn.

Bei der Stelle: Doch schaut! Da schwebt im Morgengold — setzt das Harmonium melodramatisch begleitend ein bis zum Schluß.

Nr. 11 der Musikbeilage.

Schlußchor: (Mitwirkende und Zuhörer vereint mit Harmonium)
O du fröhliche, o du selige Weihnachtszeit.

Nr. 1. Zur Einleitung (ehe die Dichtung gesprochen wird, vor Seite 3).

Harmonium oder Klavier.

Feierlich langsam und sehr zart.

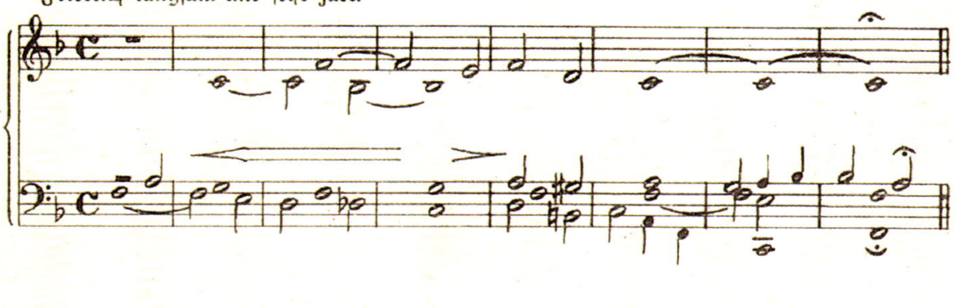

Nr. 2. Am Weihnachtsmorgen. (Seiten 6 und 7.)

Langsam, feierlich.

Theodor Krause, Op. 30, Nr. 1.

Nr. 3. Der Kinder Träume. (Seite 12.)

Zart und sanft. Theodor Krause, Op. 30, Nr. 2.

1. Schlä=fer zu be=lau=schen, die Schlä = = = fer zu be=
2. En = gel sich her=nie=der, neigen En = = = gel sich her=
3. sie im Schlafe wonnig, flüstern sie ——— im Schlafe
1. und 2. Strophe.
1. lau = schen, sie zu be lau = = = schen.
2. nie=der, nei = gen sich her nie = = = der.
3. won = =
Ped.
3. Strophe.
3. nig. „Nimm uns mit!"
Ped.

Nr. 4. Melodrama. (Seite 13)

U. Bauer.

Klavier oder Harmonium.

Nr. 5. „Stille Nacht, heilige Nacht." (Seite 16.)

J. Gruber.

Nr. 6. Des Christkindes Nahen. (Seite 16.)

Innig und fromm. Theodor Krause, Op. 30, Nr. 3.

1. seg - net mit erhob'-ner Hand das Wild im Wal - des - grun - de, die Dörf-lein und das
2. winkt es sei-nem treu-en Knecht mit lieb li-chen Ge - bär - den: „Was nur ihr Herz be-
pp
1. wei - te Land in stil - - ler Win - ter run - de.
2. geh-ren möcht', das mö - - ge ih - nen wer - den!“

Nr. 7. (Seite 20.)

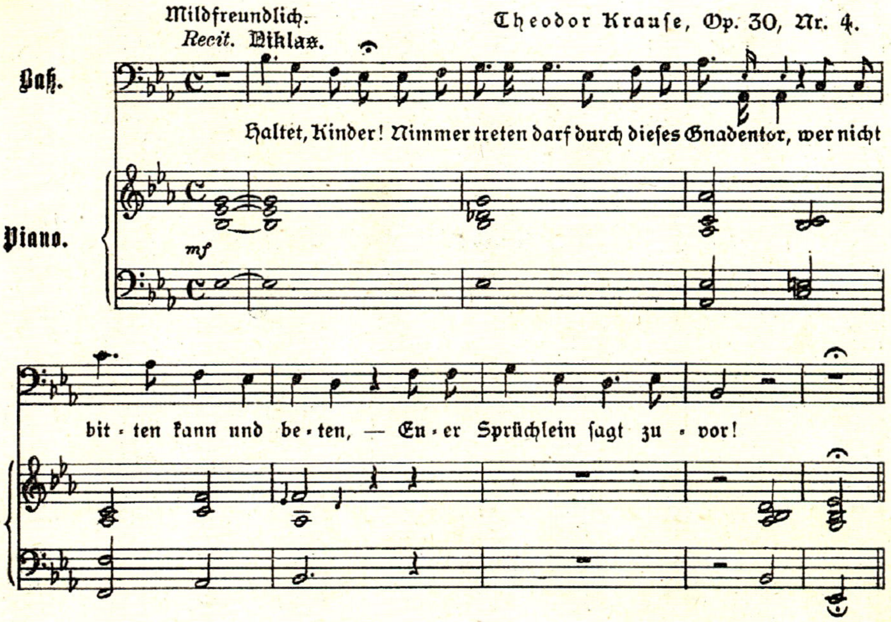
Mildfreundlich.
Recit. Niklas.
Theodor Krause, Op. 30, Nr. 4.
Baß.
Haltet, Kinder! Nimmer treten darf durch dieses Gnadentor, wer nicht
Piano.
mf
bit - ten kann und be - ten, — Eu - er Sprüchlein sagt zu - vor!

Nr. 8.
Im Takt, innig betend.
Friedel und Liesel.
Sopran.
Alt.
Piano.
p
Christkind, das von Licht um-woben stieg herab im Sternenschein, das vom
lieben Va-ter droben kam, die Kinder zu erfreu'n, nimm auch uns in Deinen Schimmer, in das
mf
Weih-nachtsreich hin - ein, wol - len from-me Kinder im-mer, wol-len
brav und folg - sam sein! Nimm auch uns in Dei - nen
Niklas.
Wohl, es sei! Es soll Euch wer-den,

Nr. 9. Marsch der Weihnachtspuppen. (Seite 24).

Theodor Krause, Op. 30, Nr. 5.

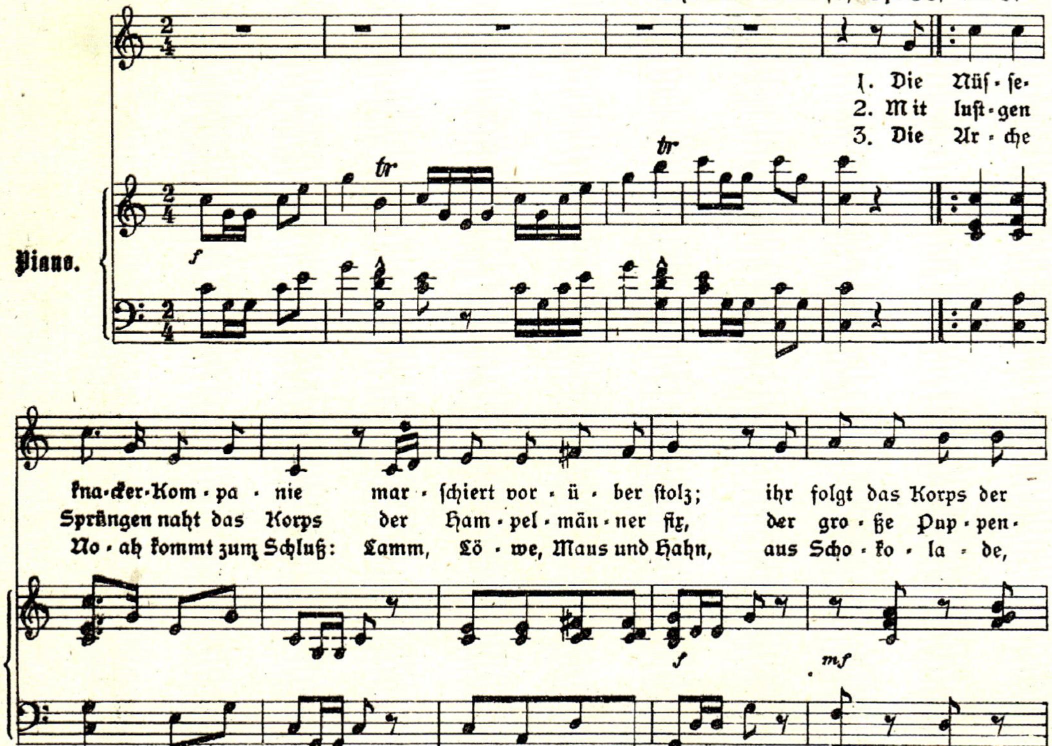

Mu - si - ci von Gum - mi, Zinn - und Holz,
da-men - flor mit tief - stem Ga - la - knicks.
Zu-cker - guß, Tragant und Mar - zi - pan. —
Mit Trom-mel und Har - mo - ni - ka, Trom - pe - te und Fa -
Die Eh - ren - wa - che im Ga - lopp, Dra - go - ner und Hu -
Chi - ne - se, Tür - ke, Mohr und Schah stimmt an das Eh - ren -
gott: Bum, bum, kling, kling, tra - ra, tra - ra! bringt es das Ständ-chen flott, bum
sar: Bum, bum, tra - ra, kling, kling, hopp, hopp! bringt ih - re Huld'-gung dar, bum
lied: Bum, bum, kling, kling, tra - ra, tra - ra! Hoch le - be Lieb' und Fried, bum
bum, kling, kling, tra - ra, tra - ra! bringt es das Ständ-chen flott.
bum, tra - ra, kling, kling, hopp hopp! bringt ih - re Huld'-gung dar.
bum, kling, kling, tra - ra, tra - ra! Hoch le - be Lieb' und Fried!

Nr. 10. Die Heimkehr. (Seite 27.)

Lebhaft, aber nicht zu schnell. Theodor Krause, Op. 30, Nr. 6.

Nr. 11. Zu der Schlußstrophe (Seite 31):

„Doch schaut! —“ bis: „Amen!“

Druck der Carl Flemming AG, Glogau und Berlin.

© 1998 Labonté, Büro für Verlagsmarketing, Köln
1. Auflage 1998
Druck und buchbinderische Verarbeitung:
New Interlitho SpA., Mailand, Italien

ISBN: 3-933357-01-2